Pierre Thiry ne peut pas s'empêcher d'écrire.
Il est « écriveur » ou chercheur d'écrits comme on est chercheur d'or. Il anime régulièrement des ateliers d'écriture. Si vous souhaitez connaître son programme, participer à des séances ou monter un groupe ou proposer un atelier d'écriture près de chez vous, consultez son site internet.
Ce recueil forme trilogie avec ses deux autres recueils de sonnets écrit par Pierre Thiry: « **Sansonnets un cygne à l'envers** » **(BoD 2015)** et « **Sansonnets aux sirènes s'arriment** » **(coup de cœur littéraire de « Haute-Provence Info »)**.
Il est également l'auteur des romans « **Ramsès au pays des points-virgules** » (BoD 2009) et « **Le Mystère du pont Gustave-Flaubert** » BoD 2012), des contes pour enfants « **La Princesse Élodie de Zèbrazur et Augustin le chien qui faisait n'importe quoi** » (BoD 2017) illustré par Samar & Hani Khzam, « **Isidore Tiperanole et les trois lapins de Montceau-les-Mines** » (BoD 2011) illustré par Myriam Saci.
Il a écrit le conte philosophique « **Plume rebelle** » qui ouvre le recueil de nouvelles « **Il était une plume...** » (2018) publié par l'association « Les Plumes Indépendantes ». Titulaire d'un Master en Sciences Humaines et Sociales et d'une maîtrise en droit, il s'est formé à l'animation d'ateliers d'écriture auprès du CICLOP (Centre Interculturel de Communication, Langues et Orientation Pédagogique – Paris).

Suivez son actualité sur internet :

http://www.pierre-thiry.fr

https://pierrethiry.wordpress.com

https://www.facebook.com/PierreThiry.auteur/

Sansonnet sait, du bouleau...

Cent sonnets c'est du boulot....

par
Pierre Thiry

*En hommage à mon papa
le musicien Louis Thiry (1935-2019)*

2019

1° Sansonnet sait, du bouleau...

Sansonnet sait, du bouleau,
Imiter le bruit des feuilles
Quand en automne il s'effeuille.
Il chante et c'est son boulot.

Plagie novembre en sifflant
Sur la cime qui rougit,
Jaunit quand le vent rugit...
Et l'étourneau persifflant,

Se moque du ton des branches,
Dans le feuillage qui flanche,
Du haut en bas du bouleau.

Il imite aussi le vent,
Qui rabâche trop souvent :
Cent sonnets c'est du boulot !

2° Chauffeur en tractopelle

Tout songe, en somnolence,
Il fait nuit, pas un bruit.
Le rêveur rêve aux fruits
D'antiques truculences.

Sous terre, astre terrible,
Dormeur mécanicien,
Le Soleil Thermicien
Est encore invisible...

Sa blonde dort encore
À poings fermés : Aurore
C'est ainsi qu'on l'appelle...

Voilà qu'elle ouvre l'oeil
Le Soleil, sur son seuil,
Se pointe en tractopelle...

3° Trois sansonnets et deux corneilles (1)

Deux corneilles et trois sansonnets
Un soir font du lèche-vitrine.
Les sansonnets ont pour doctrine,
De décrire dans leurs sonnets,

Tout ce qu'ils voient, tout ce qu'ils sentent,
Les gens, les rues, les bruits, la ville,
La comédie, le vaudeville,
Leur poésie quoiqu'innocente,

Raconte avec talent l'ivresse
La vie le charme des tigresses
Les arts les belles citadines...

Pendant ce temps les deux corneilles
Croassent croassent bégayent
Dans des noirceurs sans vitamines...

4° Deux corneilles et trois sansonnets (2)

Un sansonnet d'humeur badine
Prétend que deux pauvres corneilles
Braillent à esquinter les oreilles
Des mélomanes citadines

Pendant ce temps, nous, sansonnets,
Ciseleurs de vers et de rimes
Peignons à grands risques de mimes
Des sommets d'une autre monnaie :

Les couleurs du ciel à l'aurore,
Le chant des oiseaux frugivores,
L'allure des châteaux baroques,

Les récifs des îles désertes,
Le sublime qui déconcerte...
Mais les corneilles croaillent du rock...

5° Deux corneilles et trois sansonnets (3)

Un duo de corneilles rock'n roll
Sur une boîte à rythme banale
Croassent dans la ville hivernale,
Des approximations de guignols.

Insupportables et monotones,
Leurs refrains paraissent monocordes,
Face au théorbe aux multiples cordes
Des sansonnets dont l'art pur étonne.

Croassant et croassant s'enraye
Le duo lancinant des corneilles
Tandis que le traîneau des sonnets,

Bercé dans la nuit ahurissante
File comme une étoile filante
Astre attelé aux trois sansonnets.

6° Perdu

Perdu, il avait égaré le sien,
Harnacha son cheval, monta en selle,
À la recherche de son violoncelle
Perdu, il galopait le musicien.

Perdu il avait égaré le sien,
Son rythme cédait à l'affolement,
Perdu son rythme était passablement
Perdu, il s'affolait le musicien,

Perdu s'embarqua dans la balancelle
À la recherche de son violoncelle,
Perdu, il balançait le musicien.

Son rythme cédait à l'affolement
Perdu son rythme était passablement
Perdu, il avait égaré le sien...

7° Trois sansonnets...

Trois sansonnets en conférence
Comparaient le rythme et la rime,
Enchantant l'esquive et la cime,
Ils conversaient en pauvre errance...

En chantant l'esquive et la cime,
Ils renversaient la pauvre errance
Des jeux de mots en déshérence
Esquivant les vagues sans rime,

Dénouant les mots en délivrance
Ils discutaient, oiseaux d'errance
En rythmant d'esquive les cimes

Où se nichaient dans les feuillages
Les chants de joyeux babillages
Syncopant des vagues de rimes.

8° La rime plierait sous la force ?

La Rime ploierait sous la force ?
Propos bizarre, idiot, hideux
Briser la rime est hasardeux,
Et ne peut mener qu'à l'entorse.

Son rythme redondant renforce
La poésie de l'audacieux
Amoureux des muses des cieux
Quand la prose (embourbée) s'efforce

D'échapper par sa marmelade
Informe à la rime en cascade
Qui court du sonnet au pouvoir.

La rime l'envoûte sans trêve...
Le sonnet jaillit de ce rêve,
Leur longue Idylle est à prévoir...

9° Satire au sens « cave-hallier ».

Monsieur Thomas Sonnet,
Le Sieur de Courval,
Flânait sur son cheval,
Dans son esprit sonnait :

(Dans l'esprit du Sieur
Pas celui du cheval)
Les forestiers du val,
L'harmonie des scieurs...

Ils sciaient du vieux bois
Leur crin-crin maladroit,
Dictait au cavalier

Les vers d'une satire
Sur les dames de Vire,
Au sens très « cave-hallier ».

10° La muse aux flocons blancs

L'aube ronfle dans l'ombre
Quand soudain l'idiot réveil
Hurle et stridule, éveille
Le soleil à l'humeur sombre.

C'était une nuit d'hiver
Une nuit interminable
Propice au rêve aimable
Dans un lit bien couvert.

Tais-toi sombre imbécile !
Souffle, froideur gracile,
La neige aux flocons blancs.

Son teint brille si radieux
Que Soleil brouillardeux
Se rendort, tire-au-flanc.

11° De me voir marcher

Ils rient de me voir marcher.
Un piéton c'est rigolo !
Pensent-ils dans leurs autos,
Bouche ouverte à décrocher

La mâchoire... ...ils se secouent
D'un petit rire en saccades
Sardonique en estocades
Un marcheur, ça vaut le coup

D'oeil ! S'exclament-ils d'un air
Absurde (et très ordinaire)
À l'abri dans leurs voitures.

Quel incroyable spectacle,
Quel insolite miracle,
C'est de la littérature !

12° L'émotion bourgeonne

L'émotion bourgeonne,
L'espièglerie plane,
La poésie flâne,
La ville bourdonne

Un nuage épais
Emporte avec lui
Une ombre de nuit
Calme ombrageux pé-

Trifiant les terriens
Ébahis vauriens
Il joue les pluvieux.

La poésie plane,
L'espièglerie flâne
Où gît l'art plus vieux.

13° Croquis sur la plage

Au bord de la plage
Gourmand et taquin
Jouait un requin
Bondissant sauvage.

Des civilisés
Bronzaient par loisir
Nageaient par plaisir
Dans l'eau irisée.

En agitant l'onde,
La touriste blonde
Narguait le gourmand

Le gourmet badin
En la retournant
La croqua... taquin.

14° Trois sansonnets...

Trois sansonnets
Étrillent logis
Ils frottent gi-
Gotent balaient

Sans cesse ils rangent
Papiers, bouquins,
Meuble taquins,
Corbeilles d'oranges.

Évier bourru,
Or disparu
Tout se retrouve

La faim surgit
Du tri logis
Le banquet s'ouvre...

15° Code civil

Trois sansonnets devisent en ville
Trois sansonnets chantent à leur tour,
L'un est assis, les trois discourent
Ils récitent le code civil.

L'un est un juge et les deux autres
Sont avocats sans grandes causes
Tous les trois sans arrêt se causent,
Le juge du siège il se vautre.

Il s'égare, il se goure, il erre
Dans le palais sur un parterre,
De lois aux parfums très divers.

Trois sansonnets devisent en ville
Ils résument le code civil
Le découpant en quatorze vers.

16° Dans une belle eau pâle

Vaguelettes d'eau pâle
Sous un ciel plein d'étoiles
Se reflète une toile,
Épique et théâtrale.

Un écrivain aimable
Riche en pattes maigre en
Taille, brode tisse et prend
Son temps, contant sa fable.

Son histoire est rustique,
Ample et scénaristique,
Un roman théâtral :

Des pirates sauvages,
Leur bateau fait naufrage,
Dénouement magistral...

17° Quoi ?

Un
Trop
Beau
Brun

Boit
Au
Trot
Trois

Bières
Fier...
Hop !

Quoi ?
Trois
Chopes...

18° Flaques

Dans un pré
Très très vert
L'oie prend l'air
Il est frais

Un bruit d'onde
C'est de l'eau
Filant aux
Lueurs blondes...

Tout au bout
De la boue.
L'oie s'y colle...

Palme y plaque
Dans la flaque
Plume folle.

19° Écrire à plumes d'ailes

Cette écriture éclate toujours en plein jour
Digne d'Apollon, les sansonnets disent d'elle :
« Nous n'imaginions point ni qu'elle fut si belle,
Ni que de nos plumes put naître un abat-jour !

D'une plume perdue par moi, pauvre étourneau,
Le rimeur tire un flambeau à flamme nouvelle,
Il resplendit et fait rejaillir de mon aile,
Et d'un peu d'encre cent sonnets originaux.

Nos chants sont trop éphémères, nos reportages
Vont trop loin mais toujours sans nous voir davantage
Le rimeur par ma plume gribouille sans savoir...

Et puisque nos chansons de beautés sont pourvues,
Et qu'il nous ébouriffe en rime sans nous voir,
Pour écrire ainsi sa plume ailée nous a vus !

20° Des saisons

Le bourgeon
Grand miracle
Rend l'oracle
Des saisons

La fleur bouge
Main sensible
Au possible
Lampion rouge.

Au printemps
Faux brillant
Cor de chasse

Oh ! ils dansent
Beaux et denses
Corps qui passent...

21° Flaque gigue

Prés qui reculent
Verts qui varient
Air qui frémit
Frais crépuscule

L'onde s'enfuit
Eau d'océan
Blonde qui fuit
Au pont géant

Bout d'horizon
Boue de saison
Colle astucieuse

Plaque tout navigue
Flaque d'eau gigue
Folle amoureuse.

22° Quoi ?

Un géant mythique
Trop lourd malhabile
Beau grand mâle habile
Brun, mat artistique

Boit peinard debout
Au comptoir sa chope
Trots de filles d'échoppe
Trois beaux regards doux

Bières colloques
Fier de sa breloque
Hop le grand brun jongle

Quoi ? rubis sur l'ongle
Trois tours sur la piste
Chope valse artiste.

23° Des saisons

Le pommier exhibe un bourgeon
Grand sourire premier miracle
Rends-toi compte c'est un oracle
Des derniers froids de la saison.

La glace fond, les branches bougent
Mains expertes au temps sensible
Un vert paysage est possible
Lampion de l'aube aux lueurs rouges.

À l'horizon, couleurs printemps,
Faux lampadaires trop brillants,
S'enfuit l'hivernal cor de chasse...

Oh ! voici les buissons qui dansent
Beaux et touffus végétaux denses
Corps de danseurs, chevreuils qui passent.

24° Départ

Dans la brume les prés qui reculent
Sur la colline aux verts qui varient
Tu aspires l'air qui frémit
Sur ce bateau du frais crépuscule

Autour de vous l'onde s'enfuit
Dans des parfums d'eau d'océan
C'est toi la dame blonde qui fuit
Au bastingage du géant

Tu aspires ce bout d'horizon
Tu esquives la boue de saison
Tu l'évites, légère, astucieuse

Tu plaques tout et tu navigues
Dans cette flaque d'eau tu gigues
Folle bayadère amoureuse.

25° Dans les maisons de grand-mères

Dans les maisons de grand-mères
Dans les greniers tout en l'air
Sous les livres de grammaire
Les contes imaginaires

Dorment sur les étagères
Fermés parfois large ouverts
Pour que l'oeil sur la page erre
À l'endroit où à l'envers...

Dans des fables emmêlées
Où le mirliton zélé
Sous les livres de grammaire

Fait vibrer les coeurs d'enfants
Dans un souffle ébouriffant
Dans les greniers des grand-mères...

26° L'ennui du V.R.P.

Pour gagner de l'argent comme ça
À Montluçon très loin de Paris,
Antoine de Saint-Exupéry
Auteur du Petit Prince exerça

L'ennuyeux labeur de V.R.P.
Pour la firme des camions Saurer,
Ses jours traînaient en ternes horaires,
Balourds, lents comme des scarabées.

Ces lourds poids-lourds graisseux et sans grâce,
Carrés, massifs, hideux, peu loquaces,
N'ont jamais charmé l'ardeur d'Antoine

De Saint-Exupéry au travail.
Écrasé sous le poids des ferrailles
Il s'ennuyait ferme, j'en témoigne...

27° Ce livre ivre

   Ce
   Livre
   Ivre
   De

   Ta
   Bouche
   Touche
   La

     Rime
      Cime
     Pure

     Fille
     Si
Sûre.

28° Qui s'y fie danse.

    Gros
        Bras
            Gras
        Trop

        Blancs
    Son
            Bon
        Flanc

D'un
    Nain
        Denses

    Bottes
        Trottent
            Dansent.

29° Le pont Corneille et la « Seine Princesse »

Sous le ciel gris sur la Seine
Le pont Corneille à Rouen
Geignait ses stances obscènes
En rimant comme un ruffian.

Pensez-y Seine Princesse !
Quoiqu'un vieux pont fasse effroi
Il faut bien qu'on le caresse
Quand il est beau comme moi.

Seine Princesse au discours
Harcelant pesant et lourd
Du vieillard tente l'esquive.

Préférant ce qui s'élève
Légèrement elle enlève
En l'air la Tour des Archives.

30° Oublier ?

Tu me dis qu'il faut oublier
Mais je n'oublie pas ton sourire.
Tu me dis qu'il faut tout plier
Mais là où résonne ton rire

Il n'y a rien à replier
Que des broussailles, des souvenirs
Un arbre, faible pilier
Sous le ciel, souffle d'avenir...

Parfois l'arbre plie sous le vent.
Parfois il craque, pas souvent.
Je ne plie ni ne craque et toi ?

Ce soir tes yeux brillent, pétillent,
Dans l'ombre on dirait qu'ils scintillent
Reflets d'eau, flaques sans toit...

31° Sonnet roux

Sonnet
Roulait
Boulait,
Tonnait

Sonnait
Flâneur
Planeur,
Sonnet...

En rime,
En mime,
Il joue

À l'aigle
Espiègle
Et roux....

32° Nicolas La Grotte

Il n'est pas sansonnet,
Nicolas de La Grotte
Mais il est juste qu'il trotte
Parmi ces cent sonnets...

Il n'est qu'un organiste
Chantant, grattant du luth
Ou un flâneur sans but
Tendre claveciniste.

Né en mil-cinq-cent trente
Il charmait sa détente
En plaçant sa musique

Sous de charmants sonnets
Qui sur ses notes sonnaient
En rythmes harmoniques...

33° Ronsart rugit...

Ronce, art,
S'affichent
En friche..
Ronsart

Surgit
Soudain
Mondain,
Rugit

Furieux,
Sérieux :
« Salade !

Tes vers
Trop verts
Paradent... »

34° Sa parole est un geste

Sa parole est un geste
Sa carriole est grinçante
Avance fracassante
Son cheval est fort leste.

Assise sur le banc
Destiné au cocher
Elle fait ricocher
Ses mots élégants

Sur les pavés déserts
Bavarde Bayadère,
Poétique et céleste.

Assise elle est encore
Danseuse, âme et corps
Son voyage est un geste...

35° Automne

Il arrive en septembre
Il s'obstine en octobre
Fier, digne sous l'opprobre
Ombrageux en novembre.

Il est sombre en décembre
Il sait qu'il doit partir
Car le suivant soupire.
Il résiste il se cambre

Ses jaunes et ses roux
Ses rouges flamboyants
S'enfuient devant l'arpège

Aigu, glacé, sévère
Martelé par l'hiver,
Bousculant Blanche-Neige...

36° Ce parc est...

Ce parc est magnifique
La terre y est meilleure
Les fleurs plus fleurs qu'ailleurs
Et puis l'arbre à musique

Par la pluie arrosée
Chaque jour sur ses branches
Fait fleurir une franche
Fanfare composée

Par un choeur d'étourneaux
Artistes régionaux
Qui vous plagient Mozart :

Ses airs de clarinette,
Imités par hasard,
En plumant les mouettes...

37° Dérailleur sans casquette

L'effet multiplicateur
D'une chaîne à bicyclette
Ne vaut rien sans la casquette
D'un utile dérailleur...

Des dérailleurs sans casquette
Vont pourtant dans nos contrées
D'après ce que m'a conté
Ma babillarde Lisette.

Elle assure avoir croisé
Un beau parleur déboisé
Qui déraillait sans casquette.

C'est peut-être un ferrailleur
Décoiffant les dérailleurs
Pour mieux lui conter fleurette...

38° Un poète arrive...

Un poète arrive (en observant un bocal)
À brosser avec art les joies d'un poisson rouge.
Sa danse et sa cadence et les algues qui bougent
Son œil superbe et son allure épiscopale,

Ont des saveurs rocailleuses méridionales
Sous son stylographe fougueux et romantique...
Mais moi devant l'aquarium je me tais mutique.
Et mon sonnet boitille complètement bancal,

D'avoir dû se pencher sur la vie d'un poisson.
De son champ lexical je n'ai point fait moisson,
De sa danse inégale il n'est sorti que rage

D'avoir à pondre des alexandrins d'un rien,
Le vulgaire vagabondage d'un vaurien
Qui dans sa vitrine tourne en rond sans courage...

39° Rime protestataire

C'est bien trop étroit, crie la rime en grimaçant,
Pourquoi me cantonner dans d'absurdes frontières
N'ai-je pas droit au rang de conquérante altière ?
Me corseter dans des sonnets au cuir blessant,

C'est une contrainte médiévale et barbare !
J'ai besoin pour respirer de soieries plus amples,
Je veux vivre à l'air libre et non pas dans un temple,
 Ligotée contre un pilier de sonnets bavards

Pitié je ne veux pas rentrer dans ces tercets !
C'est une torture infâme que leurs lacets
Qui contraignent la rime en la faisant gonfler.

Je proteste et je vais me plaindre au syndicat
Ces sonnets sont des reflets du patriarcat
La rime écarte cette armature pour ronfler.

40° Les ressorts...

Ce ne sont pas les essieux
Plutôt les amortisseurs
Cette impression de ratisseurs
Quand dans le vallon, Monsieur,

S'engage votre limousine
Tandis que vous labourez
D'un roulis rugueux, fracturé,
Les sentiers de Mélusine...

Le mécano dépité,
En poète réputé
Dévisage vos ressorts :

Votre Peugeot cher Monsieur,
Ce ne sont pas les essieux,
Les ressorts, juste, ils sont morts...

41° Dans son bocal

Dans son bocal,
Le poisson rouge,
Espiègle bouge,
Grammatical,

Méridional,
Et romantique,
Acrobatique
D'un art bancal.

C'est un poisson,
Mais sa moisson,
D'idées sauvages,

Transforme un rien !
Et d'un vaurien
Il fait un sage...

42° Des voyages merveilleux

Jules Verne,
Né à Nantes
Nous enchante,
Vieux moderne.

On peut lire,
Cent romans
Palpitants
Que sa lyre

A chantés,
Composés
Pour nos yeux

D'enfants sages :
Des voyages
Merveilleux.

43° Le piano

Le piano
Sentencieux
Sous nos yeux
Sur les mots

Du poète
Ne rajoute
Point ses joutes
Guillerettes

Il se tait,
Las muet
Meuble noir,

Silencieux
Sous nos yeux
Pour un soir...

44° Octobre

Point d'excès, peu cordial, il est sobre,
Il économise la chaleur
Chez lui Phébus n'est jamais à l'heure
Il est rude le Marquis d'Octobre...

Point d'excès, en amour il est sobre
Au salon ni Vénus, ni soubrette,
Juste une bourgeoise un peu coquette,
Elle est rousse la dame d'Octobre.

Point d'excès, au travail il est sobre
À la sieste il ronfle le Marquis.
Elle est brève la journée d'Octobre.

Foin de vigne, en vendange est-il sobre ?
Les coupes de Champagne y pétillent,
Il est ivre le Marquis d'Octobre...

45° Novembre

La chanson de Novembre est sombre...
Dans les parfums de bergamote
Tandis qu'un artiste pianote.
Ténébreux il bredouille dans l'ombre.

Ses jours orangés brillent pressés,
Dans les saveurs de mandarine.
Le soir, la lueur des vitrines
Jaunit la rue vide et glacée.

Le feuillage rougit puis rouille,
Tandis que la tarte aux citrouilles
Sous la bougie fume et exhale

Un savant bouquet de Novembre,
Et qu'une bière de Sambre
Chatoie brune et paradoxale...

46° Décembre

De Saint-Nicolas à Noël,
Décembre lumineux déluge
Descend sur la piste de luge,
Glacial, neigeux presque irréel.

Décembre amateur bricoleur
Achève l'année d'un seul coup ;
Ses jours brefs et ses nuits beaucoup
Plus longues sont les rémouleurs,

Qui liment jusqu'à l'aiguiser
La fin de l'année épuisée,
Si fine enfin qu'elle est finie.

Décembre est un brin fantaisiste
Illuminé mais trapéziste,
Quand il réveillonne à minuit.

47° Janvier

Flapi à l'aube il réveillonne
Et ce n'est pour lui qu'un départ,
Dans le petit matin blafard
Quand le soleil froid papillonne,

Trop fatigué pour réchauffer...
Monsieur Janvier c'est l'invincible,
Négociateur en combustible
Charbon, fuel, gaz, bois à chauffer,

Tout ce qui brûle il nous le vend,
Tandis que frissonne le vent,
Il remplit ses camions-citernes,

Fait fuser le gaz des tuyaux
Et fumant son cigarillo,
Soudain surgit une lanterne...

48° Février

28 ou 29 il lanterne
Car il ne sait pas bien compter.
Sa durée boiteuse écourtée
Hésitant sans cesse elle alterne.

28 ou 29 mais jamais,
Il ne va jusqu'à trente-et-un.
Ses jours sont courts ou très moyens
Février est bref en jours mais

Pendant trois ans il court, rapide
En vingt-huit jours très insipides
Et soudain, acteur décalé :

Monsieur Février le grisâtre
Cabotin d'un coup de théâtre
Ajoute un jour intercalé.

49° Mars

C'est le baron du salon du livre,
On aime l'écouter jargonner
Tandis qu'il invite à bourgeonner,
Les arbres qu'abandonnent le givre...

Son Altesse le Baron de Mars,
Est un vrai gentilhomme fringant,
Qui adore accueillir le printemps
Jusqu'à ce que le Comte des Farces

Le convoquant sur son trente-et-un
Accroche l'écriteau « C'est la fin »
Sur son smoking en queue de poisson,

Son Altesse le Baron de Mars
Accueille souvent le chant du pinson,
Avant que n'arrive Avril des Farces.

50° Avril

Le Prince d'Avril comte des Farces
Est joyeux luron le premier jour.
Juste vingt-quatre heures c'est très court.
Mais ça suffit pour remplacer Mars.

Il vagabonde en marivaudage
En conversation courtisanesque
Vêtu d'un vieux costume faunesque
Un fil tissé, un vague entoilage...

Parfois le prince d'Avril s'enrhume
Son habit fait d'un fil lui rallume
Une angine âpre et carabiné

Ses soirées s'annoncent pleurnicheuses
Soudain d'une chanson pasticheuse
Jaillit Mai joyeux : rembobinez !

51° Mai

Il est étudiant ouvrier,
Constructeur de pont, bricoleur
De barricades, rigoleur.
Contestataire ou printanier.

Il est libéré, affranchi
Il est rempli de chants d'oiseaux
Mois favori des étourneaux,
Aime la rose et l'anarchie.

Il raccourcit les nuits, rallonge
Les journées sous un soleil franc,
Il fait la fête et la prolonge

Il danse et chante exubérant
Son air est clair et transparent
Le mois de mai invite au songe...

52° Juin

Il étire les jours à l'élastique
Achève le printemps d'un coup d'été
Sa météo se tire à coups de dés
Il chantonne au hasard, humoristique.

Souvent chaleureux, parfois nostalgique
Le merle y est joyeux, la grive aussi
Ses champs de bataille sentent le roussi
Clown triste ou comique, archéologique.

Maréchal Juin aime les découvertes
Les longues marches, l'escalade verte.
Il est ronfleur, excitant ou torride,

Il est amoureux, intense, érotique
Mélancolique étrange et poétique
Il est chaleureux, assoiffé, aride.

53° Juillet

Au début, il ressemble à Juin
À la fin il ressemble à Août
Entre les deux trace sa route,
En touriste il aime aller loin.

Il marche à pied, très nonchalant,
Ou moissonne les champs de blé
Ou ronfle à la plage sablée
Face au symphonique océan

Il est brûlant éblouissant
Même incendiaire incandescent,
Brille sous ses étoiles bavardes.

S'amuse de feux d'artifice,
S'enivre aux bals plein de malice
Il chante, rit, danse et clavarde.

54° Août

Il est auguste et orageux
Eblouissant dans ses préludes
Mais ombrageux en fin d'étude,
Il va se cacher, nuageux.

On dit qu'il est rempli de doute.
Aux oiseaux coupe le sifflet,
Du mistral, crispe le soufflet,
Il gronde il tonne le mois d'août.

Il se repose quinze jours,
Les rabote sous l'abat-jour
Par minutes sans qu'on le sache.

Puis il s'esquinte nuageux
Il est auguste et orageux
Mais bientôt Septembre le hache.

55° Septembre

C'est un marmot un peu farceur,
Lutin de la rentrée des classes,
Ratatine Août et prend sa place,
Avec ses ardoises, classeurs,

Ses tableaux noirs, ses calculettes,
Ses sérieux traités de grammaire,
Son élocution très scolaire,
Ses professeurs à barbichettes.

On l'appelle farceur Septembre,
De l'automne il est l'antichambre,
Il rend les jours, brefs, vifs, rapides.

Le soleil essaie d'y briller,
Mais on sent qu'il est maquillé,
Pour Octobre le Marquis vide...

56° Coup de foudre

Et ce fut naturellement un coup de foudre
Avec son canasson et son œil malicieux
Avec ses calembours d'un esprit délicieux
Avec son chapeau à plume et son coton-poudre

Blanchissant sa perruque en nuances chimiques
Il avait tout du Casanova de province.
Elle serait bergère et lui serait son prince
Cette passion brillante explosa, alchimique.

C'était horrible, amusant, désastreux, superbe
Elle adorait ses moustaches de soudard serbe,
Bergère en croupe de son pur-sang facétieux,

Elle était ballotée, renversée, déshabillée
Et suffocante, cramoisie, sur ses deux pieds,
Foudroyant d'un regard ses nuages odieux...

57° Voyager par le train...

Tu veux voyager par le train ?
Eh bien sois héroïque, embarque..
Un train tangue plus qu'une barque.
Frémis voyageur plein d'entrain !

Téméraire globe-trotteur
Ecoute un conseil de prudence.
Un train c'est une obsolescence
Ferroviaire, avec son moteur

Rouillé qui explose : un vrai bagne...
Il faut arpenter la campagne,
Cheminer sous la pluie sur les

Rails tandis que l'autorail croule,
Apocalypse où s'ébroue le
Cheminot des grèves perlées...

58° Bach à New-York (1)

Bach articulé au piano
Par une artiste New-yorkaise.
Cette ouverture à la française
A des accents méridionaux.

Dissipant la morosité
Des tristes façades pluvieuses,
Gratte-ciel aux tours merveilleuses
D'une ample somptuosité.

Il faut écouter Rosalyn
Tureck : son piano vitamine
Jean-Sébastien Bach, sa ferveur,

D'une américaine élégance,
Rythme et entraîne dans sa danse
Les mélancoliques rêveurs...

59° Bach à New-York (2)

Tu t'émerveilles
De leurs voix claires.
Que Bach éclaire
De son soleil

Resplendissant
Art qu'illumine
L'air de Brooklyn
D'un chœur d'enfants...

Duo, sourires
Que fait jaillir
L'aria qui court,

Jean-Sébastien !
Le leur le tien
Ah c'est si court !

60° Tout l'excède

Tout l'excède.
L'indécence,
L'espérance
Se succèdent.

Il s'exprime
Du clavier,
Foudroyé,
Et déprime.

Il bavarde,
Il clavarde,
Sous l'écran.

Disparaît
Sans arrêt
Sidérant.

61° Succès...

Succès
Et danses,
Dispensent,
L'excès.

Perplexe
Trop pur
Et dur
Silex.

Traînards
Sans arts
Se jouent.

L'épave
Syldave
S'échoue.

62° Goutez..

Goutez
L'étrange
Orange,
Coupez

La chair,
Sans bruit,
Du fruit
Trop cher !

L'avare
Sans art,
Aux yeux

Du grave,
S'aggrave
Sérieux.

63° Drame antique ?

Homérique méprise,
Il la prend pour une autre,
Il se plante il se vautre...
Le portique (et ses frises)

Retrace sous leurs yeux
Une épopée antique :
« La méprise érotique »
Un hellénique dieu,

Déguisé en humain
Il brandit dans sa main
Un roman de Perec :

« La Vie mode d'emploi »
La dame accepte et croit
Que c'est un roman grec.

64° Halloween

Il se dirigeait vers les ruines,
Boitait, pataud, patibulaire,
Avec un strabisme oculaire
Qui impressionnait sous la bruine.

Avec sa cape et son squelette
Visible par des trous terribles,
Son large haut-de-forme impossible,
Il trottait sur sa trottinette.

Novembre arrivait frissonnant.
Le gamin jouait, s'amusant
D'être ainsi travesti, grimé

En légendaire apparition,
Qui faisait trembler la vision,
Des confiseurs enfarinée.

65° Impression...

Sèche tes signes,
Mèche leurs lignes
Hache et aligne,
Mâche tes signes.

Pêche à la ligne,
Houppe cœur signe,
Simple sort cygne,
Coupe tes lignes.

L'encre s'aligne.
L'ancre à la ligne,
Croche le signe.

Sèche tes lignes,
Racle tes signes,
Vogue le cygne...

66° Ridé, hautain

Ridé, hautain, l'aristocrate,
Dans son manoir aux lueurs plates,
Regarde galoper ses blattes.
Ces insectes très démocrates,

Forment le troupeau dévoué,
Au ridé hautain, corps et âme...
Avec art elles font leurs gammes,
Sous l'oeil du vieil exténué.

Face au bataillon qui trépigne,
Il les contemple en seigneur digne.
Ces blattes forment son armée.

Par droit d'antique sortilège
Cette armée est par privilège
Docile aux idées du ridé...

67° Fougère qui...

Rien ne fonctionne et sa fougère fane
Il est poète pourtant mais ses feuilles
Jaunissent d'un jaunâtre tape-à-l'oeil.
Il attend son inspiration qui flâne

Boudant les cieux quand le poète lance
À la muse une idée, une vraie bombe...
Rien ne retombe et sa fougère tombe,
Épuisée jaunissant dans l'indolence.

Sa muse est pourtant canon : une bombe !
Mais il s'étiole et sa fougère tombe
Son style vagabonde et tombe en panne

Soudain la muse s'éveille et bombarde !
L'encre jaillit, le poète clavarde
Sémillante sa fougère pavane...

68° Ça coûte cher...

Ça coûte cher,
Aux yeux taquins
Ces vieux bouquins.
Vie maraîchère,

Vie vagabonde,
Vie d'écriture,
Vie de culture,
Mots qui abondent

Vies imprimées
Vies exprimées
Vies ressaisies

Ça coûte cher
En mots-geyser
La poésie.

69° L'art vagabonde

L'art vagabonde
De vos ruptures
À vos structures
Mots qui fécondent

Les yeux oisifs
Aux doigts agiles,
Au cœur fragile,
D'un esprit vif.

Tu récupères
Des vies pépères,
Tu les traduis

Pour qu'y abondent
Les joies fécondes
D'un trille fortuit.

70° L'écriture ça coûte cher...

L'écriture ça coûte cher,
Quand l'amateur aux yeux taquins
Abandonnant ses vieux bouquins.
Ainsi que sa vie maraîchère,

Entame sa vie vagabonde,
Pour suivre sa vie d'écriture,
Il réveille la morne sculpture
Du ciseau des mots qui abondent

Il risque des vies imprimées
Hasardant des vies exprimées
Les copie, rythmes ressaisis.

Ces évasions nous coûtent cher
Mais quand surgit le mot-geyser
Il se renverse en poésie.

71° L'art vagabonde

Ecoutez l'art qui vagabonde
Improvisé dans vos ruptures
Qui s'immiscent dans vos structures
Du rythme des mots qui fécondent.

Les impressions des yeux oisifs
Syncopez-les d'un cœur fragile,
Pianotez de vos doigts agiles,
Imaginez d'un esprit vif.

Ces vieux bruits que tu récupères
Conversations de vies austères,
Tu les transformes, les traduis.

Tu les tricotes pour qu'abondent
Des tissages de joies fécondes
Merci piano aux trilles fortuits.

72° Tes ruptures vagabondent

Tes ruptures
Vagabondent
Et fécondent
Tes structures.

Esprit vif,
Cœur fragile,
Yeux oisifs,
Doigts agiles,

L'art tempère
Récupère
Et traduit.

Les fécondes
Joies abondent,
Cris fortuits.

73° Jet-d'eau

T'es chère
Dentelle
Dit-elle
Peuchère

À l'onde
Si pure
Qui sur-
Abonde

D'un beau
Jet-d'eau
Pastel.

T'es chère
Geyser
Dentelle.

74° Ratures (1)

Ratures
Abondent
Fécondent
Structurent

L'esprit
Fragile
Agile
Épris

Des airs
Amers
Traduits

En onde
D'un monde
Fortuit.

75° Dentelles

Accompagnant sa tendre bergère
Un joibour admire ses dentelles.
« Aimes-tu mon chapeau ? » lui dit-elle
Aérée en tunique légère.

Intimidé l'autre fixe l'onde
« Elle est si transparente et si pure »
Dit-il bégayant des yeux bien sûr
L'air confus vers sa poitrine ronde,

Dardant son corsage dont le beau
Brodé de dentelle est un jet-d'eau...
« Je parlais du chapeau ! » reprend-t-elle,

« Et non de cet étang à l'eau claire... »
« Ton chapeau est beau comme un geyser ! »
Fait-il l'oeil vissé... sur ses dentelles...

76° Ratures (2)

Un peintre s'esquinte à éviter les ratures
Qui prolifèrent sur sa toile vagabonde.
Il croque cette chevelure qui abonde
Autour de sa muse qu'un sourire structure.

La ci-devant est la Vénus de son esprit.
Elle a transpercé son petit cœur trop fragile.
Le gaillard galope donc après son agile
Pinceau pour rattraper son pauvre art malappris.

Ses esquisses sauvages dansent sur un air
Antique ainsi qu'un bateau bercé par la mer.
Ce brouillard de couleurs mélangé nous traduit

Le tangage de l'artiste en la toison blonde.
Fascinante amazone issue d'un très vieux monde
Où l'orage frappe en coups de foudre fortuits.

77° L'humoriste

L'humoriste harassait son public
D'un esprit rigolard où roulaient
Ses « R » aérant les granitiques
Statues qui dormaient dans le palais.

Ce poète épatant enflammait
Les rires de sa verve incessante
Rigolote époustouflante mais
Toujours audacieuse, incandescente...

Les courtisans riaient sous la voûte
Dépouillés soudain de leurs choucroutes,
Brosses obséquieuses et serviles.

L'humoriste exposait très habile
La caricature de palais ;
Libres leurs sourires s'étalaient...

78° Minuscule

Minuscule
Très distrait
Mais pas très
Ridicule

Avançait
Dans l'allée
Étoilée
Sans lacets

Aux chaussures,
Sans fourrure
Sur le corps

Un petit
Confetti
De décor.

79° Vampire époustouflant

Il a les oreilles décollées, l'esprit rebelle
Sa réputation de vampire époustouflant
En fait le type incontesté du tire-au-flanc.
Un jour il rencontre la fatale Yrobelle.

Yrobelle féroce égérie de la bande
Des gourmets, le sanguinolent gang franc-comtois.
Elle et lui furent bientôt à tu et à toi,
Ils entraînaient leurs gourmands dans leurs sarabandes...

Ils effrayaient la foule à coups d'extravagances
 En sirotant de sanglantes impertinences
Aux nez des dames à l'odorat distingué.

Minuit : les honnêtes gens deviennent matière
Première de leurs entreprises charcutières
À l'esprit carnivore aux oreilles décollées.

80° Petit prince

Très riant
Petit, grince
La-bas prince
Ferraillant.

L'engrenage
Bataillant
Trop bruyant
Rugit, rage...

En riant
Repeignant
L'acier gris.

Petit prince
Vif, évince
Les murs gris.

81° L'actrice et le joibour

C'est important ce paragraphe
C'est l'entrée de la dame espiègle
Sourire épatant, regard d'aigle
Dentelles pour les photographes.

L'écrivain manches retroussées
En triturant son stylographe
D'un charme cinématographe
Rédige vif et bien troussé.

Il triture en argot gredin
Un dialogue en trois mots badins
Avec de l'action, du suspense,

Des quiproquos, des calembours
Où l'actrice attire un joibour
Au regard perdu pour six pences.

82° Sansonne art pur

Sois fidèle attentif, converse doucement.
Avance chaleureux pour qu'elle n'ait pas froid.
Ne joue pas les chasseurs, elle n'est pas ta proie.
Sagement philosophe, observe patiemment.

Ouvre grand ton esprit aux instants quotidiens.
N'oublie pas qu'un cœur pur aime à être appâté
Non par l'hameçon orné d'un bout de pâté
Et non par d'obscènes grappins hollywoodiens.

A un cœur pur il faut de l'aube jusqu'au soir
Raconter le silence loin du bruit des foires.
Trop froissée ta fleur ne pourrait être une amie.

Patiemment sois toi même et non pas séducteur.
Une fleur tendre ignore ce qui chez l'acteur
Reste d'un art trompeur escroqueur d'infamie.

83° Les fureurs d'un cocher

Sa phrase avait fusé dans le soir écarlate
Grenades ou boulets, ses mots brillaient cruels
Elle était assommée, victime du duel,
Sentait comme un coup d'épée dans les omoplates.

Ce rustaud était un rhétoriqueur infâme
D'une phrase il avait déchiré leur amour
À coups de mots grossiers de vocables balourds
Il avait lancé ses torpilles froides, sans âme.

À l'horizon le soleil se couchait honteux.
Il rougeoyait en se cachant l'air fort piteux
Il était vexé de n'avoir pu empêcher

Cette conversation d'un soir très romantique
Où son coucher sur l'horizon de l'atlantique
Avait servi de décor aux fureurs d'un cocher.

84° Le baobab des chicanes mutines

Incontournable au palais, c'est le baobab
De la jungle agitée des savanes légistes.
Avocat et procédurier impressionniste
Il charrie ses sacs de dossiers comme un nabab.

Héros des plaidoiries en bourrasques exquises
Dans le frisson des forêts de jurisprudence
Il s'échauffe, discute, grogne, manigance
Dans sa rhétorique se réchauffe la banquise.

Le soir, enrichi, il répare sa toiture
En bricolant avec des sacs de procédures.
Rafistoleur à la logique serpentine

Il charrie ses sacs de papier comme un nabab
Incontournable au palais c'est le baobab
Des scribouilleurs flambeurs en chicanes mutines.

85° Cent oiseaux sans réseau..

Un oiseau
Deux oiseaux
Trois oiseaux
Vont aux zoo.

Siphonnaient
Deux sonnets
Et soufflaient
Cent sonnets

Ces sonnets
Raisonnaient
Cent oiseaux

Qui sifflaient
Et sonnaient
Sans réseau.

86° Un lézard s'étonnait

Un lézard s'étonnait
D'écouter le ruisseau
Couler sans rimer, sot,
Sous l'arbre aux sansonnets.

Les as-tu entendus ?
Ils piochent le silence
Ils brassent un art dense
Où lézard détendu

Récoltait paresseux
L'engrenage graisseux
Des généalogies...

Dans l'arbre aux sansonnets
Les oiseaux claironnaient :
Lézard... file au logis !

87° Elle était fière

Elle était fière de son carrosse
Il était énorme et scintillait
Une labradorithe y brillait
Au dessus du toit sur une bosse.

Son véhicule était luxueux
Mais l'attelage était misérable
Sa vieille jument semblait en sable
Avec un pelage miséreux.

Sur le toit le caillou scintillait
Et dans l'azur le soleil brillait
Sur la Marquise fidèle au poste.

Elle était fière de son carrosse
Mais aimait aussi sa vieille rosse,
Sableuse épuisée fidèle au poste.

88° Doucement minutieusement

Doucement minutieusement
L'ouvrier torturait l'écrou
D'une vis obturait son trou
Et sans cesse inlassablement

Reproduisait fidèlement
Obstinément sur son écrou
Entêté comme un kangourou
Ce geste standard savamment

Dessiné par un ingénieur
Pour l'industriel travailleur,
Somptueuse organisation.

L'ingénieur dessinait le trou
L'ouvrier torturait l'écrou
Chorégraphie des sensations.

89° Avancer dans le noir

Avancer, dans le noir, admirer
Butiner dans l'obscur et transcrire
Dans la nuit le silence à décrire
Écouter l'art muet, désirer

Transpirer dans la nuit d'insomnie
Sans rêver réfléchir aux journées
Tourbillons des quidams insensés
Respirer ouvrir l'épiphanie.

Du matin jusqu'au soir écouter
L'averse en syncope s'égoutter,
Bibop de la nuit automnale

Avancer dans l'automne admirer
Le reflet des couleurs, désirer,
Syncoper sur un rythme hivernal...

90° L'arbre aux sansonnets

Mais l'art brille sans sonnet !
Écoute le ruisseau,
Très loin du rimeur sot,
Sous l'arbre aux sansonnets...

Les as-tu entendus ?
Ils puisent au silence
Ils sifflent un chant dense
Où l'enfant détendu

Mélangeant ses couleurs
Allège la lourdeur
Des généalogies...

Dans l'arbre aux sansonnets
Un art brille sans sonnet :
Dense philologie...

91° Trop riches ou indigents

Saisir le souffle du vent
Essayer de le décrire
Écouter, entendre, écrire.
Les mots obscurs, sont souvent

Trop riches ou indigents
Pour traduire un simple souffle
Tandis que dans ses pantoufles
Sous un chandelier d'argent,

Sur un bureau d'acajou,
Le poète écoute et joue
À noter le bruit du vent.

Il poursuit le bruit du souffle
D'une plume qui s'essouffle
Et s'obscurcit trop souvent...

92° Automne

Elles se balancent
Tandis que l'automne
Aux feuilles qui s'étonnent
Souffle siffle et lance

Ses couleurs fantasques.
Jaunit les feuilles, branches
Qui défaillent et flanchent
Aux sons des bourrasques.

L'arbre se balance
Avec nonchalance.
Sa cime fantasque,

Aux tons de citrouille
Qu'un Arlequin rouille,
Se plaint des bourrasques...

93° Le sens haut naît

Écris, relis, le sens haut naît
D'un tas de papiers à l'air sage
Rimes tissées de braconnages
D'où l'ébouriffant sansonnet,

Luthiste artiste, oiseau chanteur,
Arsène Lupin des branchages.
Chante en un séduisant brouillage
La vie d'un absurde enchanteur :

Bruissant et brisant les nuages
Jonglant de son joufflu langage
Il publie ses livres bavards.

Les gens ne le connaissent pas.
Pour qui s'attarde il est sympa
Amuseur, joyeux par hasard.

94° Arlequin bravache

Pas rentable
Votre vache !
L'hydre arrache
Notre étable

Avec un
Tractopelle.
On appelle
Arlequin.

Il se pointe
Barbe en pointe
Fier bravache.

Il répare
Le hangar
Et la vache.

95° Le racisme...

Le racisme anti-artiste
Est caché dans les salades
Des geignards un peu malades
Que la fantaisie attriste.

« Quoi ?!? ces couleurs en peinture
Ne seraient pas inutiles,
Et n'auraient rien de futile ?
Nos salades en culture

Sont beaucoup plus nourrissantes
Que vos fresques indécentes ! »
Proclame à l'exposition

Un saladier très normé
Dont l'intellect est borné
Par l'absence d'émotion.

96° L'artiste certifié

L'artiste certifié
Avait perdu son cer-
Tificat dans un ver,
Rampeur peu qualifié.

C'était un petit vert
Perdu dans un sonnet
Qu'un jour un sansonnet
Mangea pour son dessert.

Ce vers est épicé
Songea l'oiseau pincé
Est-ce du paprika ?

Non, répondit la rime,
C'est un goût qui s'estime
Goût de certificat.

97° Sens haut naît

Le sens haut naît
Dans les nuages
De l'allumage
D'un jardinet.

Gaz d'un village
Fumeux brumeux
Très brouillardeux.
Confus brouillage.

Il grimpe en l'air
Jusqu'à l'éther
Dont on ne cause

Plus que dans les
Vieux virelais
D'avant Pluviôse.

98° Dans le vaste palais...

Une princesse dont l'allure étonne
Portant robe longue et figure d'ange
Habite dans une demeure étrange,
Vaste palais dans un jardin d'automne.

Elle boude et se révolte : la pluie
Monotone impassible dégouline.
Sous son rideau disparaît la colline,
Qu'un morceau de rempart un peu détruit

Quand il fait beau dévoile au spectateur.
Mais l'averse et son grain perturbateur
Brouillent la montagne et le soleil d'automne

La princesse avance indolente et chante
La grisaille et la pluie décourageante,
L'oiseau siffle, écho lointain, et l'étonne.

99° Il regarde incertain

Trois fenêtres sont éclairées
Façade un soir vue du jardin
Par le portail surgit soudain
Un blanc vieillard l'air affairé.

Il est soucieux ne sait que dire
Il en sait tant faut-il parler ?
La rosée commence à perler
Et l'ombre commence à grandir.

Ses cheveux blancs sont mystérieux,
Il a le front ridé, sérieux,
Il se tait d'un air effaré.

Il vient d'ailleurs c'est certain,
Assis, il regarde incertain
Les trois fenêtres éclairées...

100° Merle immense

Dans un rire,
Merle immense,
Ton chant danse
Un sourire,

L'espiègle air
D'un oiseau.
Le piano
Reste ouvert.

Au clavier
L'écho sonne,
Puis résonne.

L'oiseau lance
Son silence,
Le dernier.

Postface

« Écouter, guetter, désirer, avoir soif de l'inattendu, de cet avenir immédiat
dont je ne sais rien »
Louis Thiry, Ma Forêt musicale[1]

    Je souhaite dédier ces cent sonnets à la mémoire de mon papa, Louis Thiry (1935-2019), qui était un grand musicien et à qui je dois beaucoup.

    La perte d'un père est une étape importante dans la vie d'un homme.

    Ce modeste livre, je l'ai donc travaillé en hommage au papa formidable, au merveilleux ami, à celui qui fut pour moi un immense incitateur à l'exploration des rythmes et des sons... Les rythmes et les sons de la musique : bien sûr celle de la voix humaine, celle des instruments de musique mais aussi celle des langues, de leurs structures, de leurs infinis trésors, de leurs infinies diversités. Derrière ces rythmes et ces sons il y a toi, chère lectrice, cher lecteur, il y a nous, il y a une infinité de merveilleuses personnes.

    Mon papa était un véritable artiste, un interprète de talent mais aussi un auditeur attentif. Il était quelqu'un qui appréciait comme personne la richesse des chants d'oiseaux. Il reconnaissait chaque espèce à son chant et parfois même à

---

1 Louis Thiry, *Ma forêt musicale, Promenade émerveillée parmi les notes, les rythmes, les hommes les instruments*, Éditions orgues nouvelles, 2015 (page 15 à propos de l'écoute musicale).

chaque oiseau sa personnalité. Dans le silence de la campagne, il nous invitait, nous ses enfants et nous ses amis, à nous arrêter pour découvrir le chant de l'alouette ou du rossignol, de la grive, du pinson ou le joyeux et désordonné ramdam des étourneaux, c'est à dire des sansonnets...

Cet amour des chants d'oiseaux l'avait incité à s'intéresser de très près à la musique du compositeur Olivier Messiaen[2] dont il avait enregistré, en 1972, l'oeuvre pour orgue aux claviers de la Cathédrale Saint-Pierre de Genève[3]. Je précise qu'Olivier Messiaen, dans plusieurs de ses œuvres, a glissé une foule de chants d'oiseaux (notés par le biais des conventions du solfège mais qui peuvent justifier pour être bien rythmées par l'interprète, de connaître outre la notation musicale, le phrasé réel et naturel de ces oiseaux).

Grâce à mon papa Louis Thiry j'ai aussi eu la chance immense de découvrir, presque de l'intérieur, une partie non négligeable du catalogue considérable des œuvres de **Jean-Sébastien Bach**[4]. Il a interprété et enregistré pour le disque « **Le Clavier bien tempéré** » et « **L'Art de la fugue** ». Jusqu'à la fin de sa vie l'interprète et le mélomane qu'il était continuait à étudier, à analyser et à partager son immense curiosité pour Bach, pour cette musique foisonnante, incroyable si pleine de

---

2   Olivier Messiaen (1908-1992) compositeur de musique..On peut lire à son sujet le livre de Catherine Lechner-Reydellet, *Messiaen : l'empreinte d'un géant,* Séguier, 2008 (369 pages).
3   Louis Thiry œuvre pour orgue d'Olivier Messiaen à la Cathédrale Saint-Pierre de Genève (1972) disque réédité en 2018 par le label La Dolce Volta.
4   Louis Thiry Intégrale du Clavier bien tempéré de Jean-Sébastien Bach, enregistré à l'orgue du Temple d'Auteuil à Paris pour le Label Arion (1975). Louis Thiry, Art de la fugue de Jean-Sébastien Bach enregistré à l'orgue de Saint-Thomas de Strasbourg, « Vox Humana » 1994.

détours, de surprises, d'accidents et de rebondissements. Et il le faisait avec la volonté de partager avec autrui.

Quelques heures avant sa mort, nous avons vécu lui et moi, ensemble, un de ces moments de partage. Il explorait avec cette curiosité communicative Jean-Sébastien Bach et sa **Cantate Trauerode BWV198.** Nous l'écoutions ensemble. Il s'interrogeait, il m'interrogeait sur l'unisson étrange qui, dans le choeur final, succède à la phrase « *Ihr Dichter schreibt ! Wir wollens lesen...* »[5] . Quel plus bel héritage peut-on recevoir d'un père que celui là ?..

C'est donc en ayant en mémoire cette formidable invitation que j'ai eu envie d'écrire et de publier ce « *Sansonnet sait, du bouleau...* » pour partager avec toi cet « *Écouter, guetter, désirer, avoir soif de l'inattendu, de cet avenir immédiat dont je ne sais rien* », pour t'inviter à ton tour à jouer au boulot d'écriture...

La rédaction de ces nouveaux cent sonnets fait suite au travail commencé dans « **Sansonnets un cygne à l'envers** » et continué dans « **Sansonnets aux sirènes s'arriment** ».

Je parviens ainsi au terme d'un de mes objectifs d'écriture : écrire trois-cent sonnets pour le simple plaisir d'y placer trois sansonnets[6]...

La rédaction de ce nouveau recueil est aussi l'occasion

---

5 « Vous poètes écrivez, nous voulons vous lire » Cantate BWV 198 Musique de Jean-Sébastien Bach, texte en allemand du poète Johann-Christoph Gottsched (1700-1766).
6 Dans la préface de « Sansonnets un cygne à l'envers » je donne quelques mots d'explications sur la « tradition » dans laquelle je me situe quant au choix du mot Sansonnet dans un ouvrage comprenant cent sonnets.

de partager à nouveau avec toi, chère lectrice, cher lecteur, quelques nouvelles réflexions sur la forme du sonnet qui viendront s'ajouter à celles déjà entamées dans mes deux précédents recueils. Il est notamment une question que j'ai déjà abordée mais qui mérite à nouveau que je m'y attarde pour préciser une fois de plus ma position vis à vis de certains termes. Écrire des sonnets équivaut-il encore à écrire de la poésie ?

    Dans les postfaces de « Sansonnets un cygne à l'envers » et de « Sansonnets aux sirènes s'arriment » j'ai déjà eu l'occasion d'exprimer qu'en écrivant des sonnets je ne cherchais pas à écrire de la poésie et que l'objectif de ce travail d'écriture était d'explorer les contraintes particulières de la structure du sonnet afin de m'en amuser d'une part et de découvrir d'autre part ce qui pourrait sortir de ces fictions brèves (destinées à plus ou moins long terme à se transformer en textes plus longs et plus développés).

    Je tiens notamment à préciser ici ma position vis à vis d'une querelle autour du sonnet qui a opposé le poète Martiniquais Aimé Césaire au Parisien Louis Aragon autour de l'écriture de sonnets dans les années cinquante... Louis Aragon avait publié en 1953 et 1955 une série d'articles dans la revue « Lettres Françaises » où il invitait les écrivains à en revenir à la rigueur des formes classiques et notamment à l'écriture de sonnets, garants du sérieux d'une forme poétique. Il avait insisté sur cette position dans une préface aux sonnets de Eugène Guillevic. Aimé Césaire s'y était fermement opposé en expliquant qu'il ne pouvait chanter sa terre des Antilles dans la forme contrainte du sonnet qui ne pouvait être la sienne car représentant une vision colonialiste de la littérature. Pour ma part j'aime la poésie d'Aimé Césaire, sa force, son rythme, sa puissance et sa liberté, sa langue...

Dans cette « querelle des sonnets » j'ai donc tendance à penser que Louis Aragon avait tort de continuer à prendre le sonnet au sérieux... Voici ce qu'il écrit dans cette préface aux 31 sonnets de Eugène Guillevic : « *Prenez un poète comme Guillevic, qui s'est fait place dans l'estime du Paris des années 40, qu'on loue pour sa réserve, un langage elliptique et précis, la parfaite absence de la rime, le respect de la tradition récente: qu'il se risque à ce jeu décidé, le sonnet alexandrin, cela va, cela peut encore aller, si c'est un jeu, une manière de défi, un ricanement, en un mot s'il n'y croit pas. Mais, s'il y croit, il se déshonore. Telle est la morale qui a cours [..]Cette terreur a force de loi dans les milieux progressistes, comme on dit. Il fallait donc que Guillevic acceptât d'avouer que c'était un jeu, qu'il n'y croyait pas. Or, il y croyait. C'était le contraire d'un jeu...*»[7].

Je crois pour ma part qu'il faut prendre le sonnet pour un jeu ancien devenu amusant. Cette forme contrainte (deux quatrains, deux tercets, en vers réguliers rimant) est devenue tout le contraire d'une chose sérieuse. C'est une contrainte d'écriture dont on a grand avantage à explorer les formes les plus extrêmes pour en faire naître du sourire et du rire, de l'exploration et de l'inattendu, de la tension se résolvant en détente...

Dès le XVIIe siècle on remettait en cause les qualités

---

7 Louis Aragon, Préface aux 31 sonnets de Eugène Guillevic. Éditions Gallimard.

poétiques du Sonnet pour en faire un amusement de salon, ce qu'il était effectivement devenu. Molière le rappelle dans *Le Misanthrope* dans le célèbre dialogue entre Alceste et Philinte sur un sonnet fait en un quart-d'heure. À la même période « Titon du Tillet, auteur du *Parnasse français*, dit en parlant de Jodelle : « *il lui était fort ordinaire de prononcer des Sonnets-sur-le-champ, et ceux de rencontre ne l'ont souvent occupé que le tour d'une allée de jardin.* »[8]

    Toujours au XVIIe siècle, on composait des sonnets au Salon de Madame de Rambouillet dans un esprit ludique, la forme était contrainte, le thème aussi. Ainsi, plusieurs sonnets furent composés sur le thème de « la belle matineuse » d'après un sonnet italien signé par Caro, un des plus connu étant celui de Vincent Voiture :

« *Des portes du matin, l'amante de Cephale*
« *Ses roses épandoit dans le milieu des airs,*
« *Et jetoit dans les cieux nouvellement ouverts,*
« *Ces traits d'or et d'azur qu'en naissant elle étale.*

« *Quand la nymphe divine, à mon repos fatale,*
« *Apparut et brilla de tant d'attraits divers*
« *Qu'il sembloit qu'elle seule éclairait l'univers*
« *Et remplissoit de feux la rive orientale.*

« *Le soleil se hâtant, pour la gloire des cieux*
« *Vint opposer sa flamme à l'éclat de ses yeux ;*
« *Et prit tous les rayons dont l'Olympe se dore.*

---

8 Cité in Histoire du sonnet, pour servir à l'histoire de la poésie française, par Charles Asselineau (1820-1874) édité par l'imprimerie Poulet-Malassis et de Broise, Alençon, 1856

« *L'onde, la terre et l'air s'allumaient alentour;*
« *Mais auprès de Philis on le prit pour l'Aurore,*
« *Et l'on crut que Philis étoit l'astre du jour.* »

Tu auras sans doute remarqué, chère lectrice cher lecteur, que dans le présent recueil plusieurs sonnets ont été inspirés par « *La Belle Matineuse* » pour la remettre au goût du jour mais aussi pour apporter ma présente contribution à ce petit sport...

Le sonnet était en effet tellement devenu un jeu qu'il était devenu un objet de compétition entre équipes adverses. On songe à la célèbre querelle des Jobelins et des Uraniens opposant les partisans de Vincent Voiture à ceux de Benserade...

Benserade avait écrit un sonnet sur le thème de Job (défendu par les Jobelins) :

« *Job*

Job de mille tourments atteint,
Vous rendra sa douleur connue,
Mais raisonnablement il craint
Que vous n'en soyez pas émue.

Vous verrez sa misère nue :
Il s'est lui-même ici dépeint.
Accoutumez-vous à la vue
D'un homme qui souffre et se plaint.

Quoiqu'il eût d'extrêmes souffrances
On voit aller des patiences
Plus loin que la sienne n'alla.

S'il souffrit des maux incroyables,
Il s'en plaignit, il en parla...
J'en connois de plus misérables. »

      Vincent Voiture avait répliqué avec un sonnet intitulé Uranie :

Il faut finir mes jours en l'amour d'Uranie,
L'absence ni le temps ne m'en sauroit guérir,
Et je ne vois plus rien qui me pût secourir
Ni qui sût rappeler ma liberté bannie.

Dès longtemps je connois sa rigueur infinie ;
Mais pensant aux beautés pour qui je dois périr,
Je bénis mon martyre, et content de mourir,
Je n'ose murmurer contre sa tyrannie.

Quelquefois ma raison, par de faibles discours
M'incite à la révolte et me promet secours ;
Mais lorsqu'à mon besoin je veux me servir d'elle,

Après beaucoup de peine et d'efforts impuissants,
Elle dit qu' Uranie est seule aimable et belle,
Et m'y rengage plus que ne font tous mes sens. »

Face à cette querelle typiquement parisienne, Pierre Corneille avait répliqué par une réponse de Normand, en refusant de prendre parti :

« *Deux sonnets partagent la ville,*
Deux sonnets partagent la cour,
Et semblent vouloir tour à tour
Rallumer la guerre civile.

Le plus sot et le plus habile,
En mettent leur avis au jour,
Et ce qu'on a pour eux d'amour,
A plus d'un échauffe la bile.

Chacun en parle hautement,
Suivant son petit jugement,
Et s'il faut y mêler le nôtre :

L'un est sans doute mieux rêvé,
Mieux conduit et plus achevé,
Mais je voudrais avoir fait l'autre. »

À la fin du XVIIe siècle le sonnet était donc devenu un objet de risée, un passe-temps équivalent aux mots croisés ou aux mots fléchés. Une structure propre à créer des « objets comiques » comme ce célèbre sonnet de Paul Scarron :

« *Superbes monuments de l'orgueil des humains,*
Pyramides, tombeaux dont la vaine structure
A témoigné que l'art, par l'adresse des mains
Et l'assidu travail, peut vaincre la nature!

Vieux palais ruinés, chefs-d'œuvre des Romains,
El les derniers efforts de leur architecture
Colysée! où souvent ces peuples inhumains
De s'entr' assassiner se donnaient tablature ;

Par l'injure des ans vous êtes aboli,
Ou du moins la plupart vous êtes démolis.
Il n'est point de ciment que le temps ne dissoude

Si vos marbres si durs ont senti son pouvoir,
Dois-je donc m' étonner qu'un méchant pourpoint noir,
Qui m'a duré deux ans, soit percé par le coude ? »

      Après le pourpoint de Scarron, l'avenir du sonnet pouvait-il être autre qu'une invitation au trait d'esprit, au sourire et à l'humour ? Son origine elle-même, sur laquelle les érudits se disputent à grands coups d'érudition est un débat comique. Ce qui s'explique par le fait que l'érudition est une forme d'humour. L'érudition ne devient vraiment intéressante que lorsqu'elle n'est pas prise au sérieux mais qu'elle devient un objet de joyeux savoir...

      Dans ma postface de « Sansonnets aux sirènes s'arriment » j'ai rappelé ces querelles d'origine où l'on avait fini par inventer une origine gauloise imaginaire pour justifier que le sonnet était né en Gaule longtemps avant la naissance d'Homère. Fallait-il chercher si loin alors que la solution était à portée de main de tout un chacun dans le mot Sonnet ?

Le véritable inventeur du sonnet, en tant que forme réglementaire ne serait-il pas tout simplement **Thomas Sonnet, Sieur de Courval** né à Vire en Normandie en 1577 et mort en 1627 à Paris ?

J'incline fortement à le penser (par goût pour les discussions animées et rieuses). C'est la raison pour laquelle j'ai écrit spécialement un sonnet pour lui rendre hommage, le sonnet n°9 de ce recueil intitulé « *Satire au sens cave-hallier* »[9].

Cela valait bien que je créé pour l'occasion un nouveau mot composé, cet audacieux : « cave-hallier » : un néologisme dont toute la force réside dans l'association d'idées multiples. Cette expression permet d'associer, en les mélangeant, les riches images véhiculées par le mot cave d'une part (où se mélangent la notion d'obscurité, de fraîcheur, d'oenologie, de personne un peu louche, de souterrain) et le mot hallier d'autre part (où viennent s'enchevêtrer les notions de forêt sauvage à la végétation touffue, emmêlée, piquantes, redoutable, inaccessible ou encore de colline pierreuse où la végétation ne pousse que dispersée et de de mauvaise qualité). Ce mot composé autorise enfin la rime riche et surprenante que produit « cave-hallier » associé à « cavalier »...

Thomas Sonnet, Sieur de Courval est l'auteur d'un

---

9 Vous trouverez ce sonnet page 13 du présent recueil.

sonnet peu connu mais qui semble vouloir envelopper en lui l'universalité toute entière de la forme sonnet. Qu'on en juge :

« *De la musique avant tout, lecteur trop sérieux !*
J'oseray en ryme afin de te contenter
Cher lecteur bénévole, en bref représenter
Que s'il falloit nombrer les sonnets malheureux,

Qui sous le joug des rymes sont mis en servage ;
Dans l'eau, je nombrerois les peuples escaillez,
En l'air, tous hostes aux habits esmaillez,
J'épuiserois plutost le Pactole et le Tage,

Et plutost et plutost, je décrirois le nombre,
Des célestes flambeaux qui durant la nuict sombre
Brillent au firmament, lors que le grand flambeau,

Sa carriere bornant, se plonge dedans l'eau,
Bref, ce seroit courir après un impossible,
Et rendre par ces vers l'impossible possible. »[10]

---

10 Thomas Sonnet, Sieur de Courval né dans une famille aristocrate de juriste (il avait un père et un frère avocat) était médecin. On connaît de lui un ouvrage contre les Charlatans et une « *Satyre Ménippée, ou Discours sur les poignantes traverses et incommodités du mariage, où les humeurs et complexions des femmes sont vivement représentées* ». Prosper Blanchemain (1816-1879) a publié l'oeuvre intégrale de Thomas Sonnet, Sieur de Courval en 1877, en trois volumes, à la Librairie des Bibliophiles. Il n'existe à notre connaissance aucune autre édition plus récente de cet auteur oublié. Certains esprits scrupuleux prétendront probablement que ce sonnet n'est pas de Thomas Sonnet. Je leur répliquerai que j'ai ici fait preuve d'érudition comique. J'ai puisé ce texte aux meilleures sources et, à défaut d'être parfaitement exacte, ma citation est au moins érudite. En outre elle est fort plausible. Le préfet de Paris Eugène Poubelle a donné son patronyme à un récipient de « forme

Il me semble assez manifeste à la lecture de ce sonnet que Thomas Sonnet est très certainement l'inventeur du sonnet ; qu'il en a eu l'ambition et que cette hypothèse sur une origine normande et satirique du genre littéraire qui nous occupe est d'une érudition suffisamment souriante pour figurer dans la présente postface comme une trouvaille importante concernant l'Histoire du sonnet[11].

Tu m'accorderas enfin, chère lectrice, cher lecteur, qu'il est infiniment plus probable que le véritable inventeur de la forme sonnet soit Thomas Sonnet plutôt que le dénommé Hippolyte Sonnet né à Nancy le 2 Janvier 1802 et mort à Paris le 8 Mai 1879, célèbre pour avoir écrit le *Dictionnaire des mathématiques appliquées, comprenant les principales applications des mathématiques ; à l'architecture commerciale, à l'arpentage, à l'artillerie aux assurances, à la balistique, à la banque ; à la charpente, aux chemins de fer, à la cinématique, à la construction navale, à la cosmographie, à la coupe des pierres, au dessin linéaire, aux établissements de prévoyance, à la fortification, à la géodésie, à la géographie, à la mécanique générale, à la mécanique des gaz, à la navigation, aux ombres, à la perspective, à la population, aux probabilités, aux questions de bourses, à la topographie, aux travaux publics, aux voies de communication, etc. etc. et l'explication d'un grand nombre de termes techniques usités dans les applications.*

---

standard » à « tri-sélectif ». Le présent sonnet de « forme standard » à « tri-sélectif » peut donc très bien constituer (jusqu'à preuve du contraire) un indice du véritable responsable de la vogue du sonnet.

11 Le lecteur en recherche de lectures plus sérieuses pourra consulter à ce sujet l'intéressant essai d'Alfred Delvau, *Les Sonneurs de sonnets* (1540-1867), Librairie Bachelin-Deflorenne, 1885 (je précise que cet ouvrage de 156 pages n'attribue pas l'origine du Sonnet à Thomas Sonnet).

Paris, Hachette, 1867.

De même qu'il est infiniment plus probable que le véritable inventeur de la forme sonnet soit Thomas Sonnet plutôt que L. Sonnet graveur de cartes géographiques dont Georges Perec parle dans « La Vie Mode d'emploi »[12]. Cette carte est pourtant intitulée : « *Nouvelle carte complète illustrée, Administrative, Historique et Routière de France et des Colonies d'après les derniers traités, indiquant : Les chemins de fer et leurs stations, les Routes Nationales les Rivières Navigables, les Canaux et les Établissements d'Eaux Thermales et Minérales, Les Cours d'Appel, Évêchés et Archevêchés, La Traversée des Bateaux à Vapeur sur la Méditerranée et l'Océan, Dressée par L. Sonnet, publiée en 1878 par Le Bailly Éditeur, Rue Cardinal 6.* »

Le nombre de sonnets que l'on pourrait écrire à partir d'un tel titre est bien sûr considérable...

On a toujours avantage à relire Georges Perec...

Ce sera peut-être l'occasion d'un prochain ouvrage, rédigé par toi, si tu le souhaites, ou par moi si je parviens à l'écrire avant que tu ne le fasses... J'en profite pour te rappeler que j'anime régulièrement des ateliers d'écriture et tu y es bienvenu.e dès que tu voudras y participer[13].

La naissance d'un nouvel écrit est toujours une invitation à « *Écouter, guetter, désirer, avoir soif de l'inattendu...* » Je t'invite donc à partager cette part d'enthousiasme...

---

12 Georges Perec, La vie mode d'emploi, éditions Le Livre de Poche pages 250 et 257
13 L'actualité de mes ateliers d'écriture est à suivre sur mon site internet http://www.pierre-thiry.fr

Table des matières

1° Sansonnet sait, du bouleau...	p. 5
2° Chauffeur en tractopelle	p. 6
3° Trois sansonnets et deux corneilles (1)	p. 7
4° Deux corneilles et trois sansonnets (2)	p 8
5° Deux corneilles et trois sansonnets (3)	p. 9
6° Perdu	p. 10
7° Trois sansonnets...	p. 11
8° La rime plierait sous la force ?	p. 12
9° Satire au sens « cave-hallier »	p. 13
10° La muse aux flocons blancs	p. 14
11° De me voir marcher	p. 15
12° L'émotion bourgeonne	p. 16
13° Croquis sur la plage	p. 17
14° Trois sansonnets...	p. 18
15° Code civil	p. 19
16° Dans une belle eau pâle	p. 20
17° Quoi ?	p. 21
18° Flaques	p. 22
19° Écrire à plumes d'ailes	p. 23
20° Des saisons	p. 24
21° Flaque gigue	p. 25
22° Quoi ?	p. 26
23° Des saisons	p. 27
24° Départ	p. 28
25° Dans les maisons de grand-mères	p. 29
26° L'ennui du V.R.P.	p. 30
27° Ce livre ivre	p. 31
28° Qui s'y fie danse.	p. 32

29° Le pont Corneille et la « Seine Princesse »   p. 33
30° Oublier ?   p. 34
31° Sonnet roux   p. 35
32° Nicolas La Grotte   p. 36
33° Ronsart rugit...   p. 37
34° Sa parole est un geste   p. 38
35° Automne   p. 39
36° Ce parc est...   p. 40
37° Dérailleur sans casquette   p. 41
38° Un poète arrive...   p. 42
39° Rime protestataire   p. 43
40° Les ressorts...   p. 44
41° Dans son bocal   p. 45
42° Des voyages merveilleux   p. 46
43° Le piano   p. 47
44° Octobre   p. 48
45° Novembre   p. 49
46° Décembre   p. 50
47° Janvier   p. 51
48° Février   p. 52
49° Mars   p. 53
50° Avril   p. 54
51° Mai   p. 55
52° Juin   p. 56
53° Juillet   p. 57
54° Août   p. 58
55° Septembre   p. 59
56° Coup de foudre   p. 60
57° Voyager par le train...   p. 61
58° Bach à New-York (1)   p. 62
59° Bach à New-York (2)   p. 63
60° Tout l'excède   p. 64

61° Succès...   p. 65
62° Goutez..   p. 66
63° Drame antique ?   p. 67
64° Halloween   p. 68
65° Impression...   p. 69
66° Ridé, hautain   p. 70
67° Fougère qui...   p. 71
68° Ça coûte cher...   p. 72
69° L'art vagabonde   p. 73
70° L'écriture ça coûte cher...   p. 74
71° L'art vagabonde   p. 75
72° Tes ruptures vagabondent   p. 76
73° Jet-d'eau   p. 77
74° Ratures (1)   p. 78
75° Dentelles   p. 79
76° Ratures (2)   p. 80
77° L'humoriste   p. 81
78° Minuscule   p. 82
79° Vampire époustouflant   p. 83
80° Petit prince   p. 84
81° L'actrice et le joibour   p. 85
82° Sansonne art pur   p. 86
83° Les fureurs d'un cocher   p. 87
84° Le baobab des chicanes mutines   p. 88
85° Cent oiseaux sans réseau..   p. 89
86° Un lézard s'étonnait   p. 90
87° Elle était fière   p. 91
88° Doucement minutieusement   p. 92
89° Avancer dans le noir   p. 93
90° L'arbre aux sansonnets   p. 94
91° Trop riches ou indigents   p. 95
92° Automne   p. 96

93° Le sens haut naît — p. 97
94° Arlequin bravache — p. 98
95° Le racisme... — p. 99
96° L'artiste certifié — p. 100
97° Sens haut naît — p. 101
98° Dans le vaste palais... — p. 102
99° Il regarde incertain — p. 103
100° Merle immense — p. 104
Postface — p. 105
Table des matières — p. 119

© Pierre Thiry
http://www.pierre-thiry.fr
https://pierrethiry.wordpress.com

Editions : BoD – Books on Demand
12/14 rond point des Champs-Elysées 75008 Paris
Impression : Books on Demand, Norderstedt, Allemagne

9782322189113

Dépôt légal Novembre 2019